VII

DE M. L'ABBÉ DU CHESNE

8°Z Le Senne. 8307

NOTICE

SUR

M. L'ABBÉ DU CHESNE

CURÉ DE NOTRE-DAME DES CHAMPS

PAR

M. l'abbé FAUVAGE

PREMIER VICAIRE A NOTRE-DAME DES CHAMPS

PARIS

E. DE SOYE ET FILS, IMPRIMEURS-ÉDITEURS

PLACE DU PANTHÉON, 5

1872

M. L'ABBÉ DU CHESNE

CURÉ DE NOTRE-DAME DES CHAMPS

Louis-Stéphane-Amédée-Paulin du Chesne naquit à Blois le 13 janvier 1813, dans une antique et remarquable demeure qui, au dix-septième siècle, avait appartenu à la maison des princes de Guise-Lorraine. Il descendait d'une famille d'honnêtes gentilshommes où la piété, l'honneur et le goût pour les belles-lettres étaient des qualités en quelque sorte héréditaires, et qui a donné depuis longtemps à l'armée et au barreau, à l'administration et à la diplomatie des hommes d'un véritable mérite.

Celui dont nous déplorons si vivement la perte fut digne de ses aïeux. L'Église de Paris l'avait honoré en l'élevant au rang de ses ministres; il sut l'honorer à son tour par ses talents, ses vertus et ses services. Nous voudrions rappeler dans une simple et courte biographie les souvenirs si pleins d'édification que nous a laissés cette belle vie sacerdotale. Pour le public chrétien et en particulier pour ceux qui ont eu le bonheur de connaître M. l'abbé du Chesne, non-seulement ces souvenirs seront une consolation et un encouragement au bien, mais encore un témoignage de gratitude envers le prêtre éminent qui fut notre maître, notre pasteur et notre ami.

Nous n'avons pu recueillir que bien peu de détails sur les premières années de M. l'abbé du Chesne, sur cette période de formation intellectuelle et morale dont toutes les impressions sont si durables et les souvenirs si précieux. Ce que nous savons, c'est que la première éducation domestique du jeune Paulin fut en parfaite harmonie avec les traditions de la grande famille chrétienne et française.

Ses parents avaient un grand sentiment de l'autorité. Fortement pénétrés de ce principe que l'homme n'apprend jamais mieux à commander qu'en s'appliquant à obéir, ils cherchèrent à inspirer de bonne heure à leur fils le respect de toute supériorité et cet amour loyal de l'obéissance qui affranchit l'enfant de toutes les servitudes du caprice. Ils l'aimaient sans doute de cet amour vif et profond qui est naturel au père et à la mère; mais ils lui portaient aussi un amour véritablement chrétien, je veux dire cet amour intelligent qui sait user à propos de réprimande et même de châtiment, cet amour généreux surtout qui sait joindre constamment l'exemple au précepte.

Nous aimerions à raconter quelques-uns de ces faits qui firent plus d'une fois présager dans l'enfant l'homme distingué que nous regrettons ; mais à un demi-siècle de distance, alors que presque tous les témoins de cette première jeunesse ont disparu, il nous était bien difficile de les recueillir. Nous savons toutefois, par une noble et respectable septuagénaire, qu'un simple regard de sa mère était pour le jeune Paulin un avertissement sérieux ; qu'une simple parole de reproche lui était une leçon de sagesse dont il comprenait l'importance et qu'il mettait à profit pour sa conduite. Et chose digne de remarque, M. l'abbé du Chesne, malgré la sévérité de l'éducation qu'il reçut au foyer domestique, et peut-être à cause de cette sévérité même, conserva pour sa mère, qu'il posséda longtemps, l'affection la plus tendre et le respect le plus touchant.

Son père avait suivi, sous la restauration, la carrière administrative. Nous le voyons successivement à Gien, à Vouziers, à Romorantin, s'acquitter de ses fonctions de sous-préfet avec un zèle et une intelligence dont ses administrés gardèrent longtemps le souvenir. On admirait surtout en lui l'homme du devoir, l'administrateur intègre, dévoué au gouvernement qu'il servait par des motifs de conviction et de conscience. Aussi, quand, au retour de l'île d'Elbe, l'empereur reparaît... il ne se laisse pas intimider par l'émeute qui le ramène et qui lui sert de cortége; bien au contraire, c'est par des protestations empreintes du plus généreux patriotisme qu'il signale sa fidélité au drapeau de nos rois, dût-il y perdre et les biens et la vie.

Assurément le jeune Paulin n'était pas capable d'apprécier cette belle conduite de son père, car il n'était encore qu'un tout petit enfant; mais néanmoins il en recevait de bonne heure certaines impressions heureuses qui l'aidèrent à comprendre plus tard que la religion, la justice et l'honneur doivent être les premiers conseillers de la vie.

C'est le 2 juin 1825, jour de la Fête-Dieu, qu'il fit sa première communion dans l'église paroissiale de Romorantin. Le cachet commémoratif de cette première grande solennité chrétienne porte la signature d'Hilaire, prêtre et principal du collége. Il le conserva toujours avec un soin religieux. Et nous ne saurions nous en étonner : il lui rappelait des joies si pures et des émotions si délicieuses! Elles avaient laissé dans son cœur des traces d'autant plus profondes que sa préparation elle-même avait été plus sérieuse; préparation sérieuse, en effet, par la solidité et l'étendue de l'instruction religieuse qu'il avait reçue, par les efforts généreux qu'il avait dû faire pour se vaincre lui-même, et aussi par les épreuves réitérées qu'une direction très-bienveillante, mais très-ferme, lui avait sagement imposées. Cette préparation exceptionnelle avait eu un double but, de le disposer d'abord à s'approcher dignement de la table sainte, et en outre de le prémunir de bonne heure contre les dangers de la jeunesse; car déjà au feu vif et brillant de son regard on sentait l'ardeur naturelle de son âme, d'une âme qui pouvait devenir enthousiaste pour le bien, s'il embrassait le parti de la vertu, mais impétueuse aussi dans le mal, si le vice venait une fois à s'en emparer. Heureusement, le jeune écolier, après avoir commencé ses études classiques à Romorantin, vint les achever à Pontlevoy, sous la direction de l'abbé Demeuré. Il fut, sans contredit, l'un des sujets les plus brillants de cette maison illustre d'où sont sortis tant d'hommes distingués en tout genre. Là, les jours, les mois, les années s'écoulent pour lui avec rapidité. Et comment pourrait-il connaître l'ennui? Il vit dans un milieu sympathique où il est aimé de tous pour la bonté de son cœur et la franchise de son caractère, et s'il étonne ses condisciples et ses maîtres eux-mêmes par la facilité de son intelligence, la sagacité de son esprit et le nombre toujours croissant de ses succès, il ne les étonne pas moins par une application à l'étude toujours constante et par cette patience au travail qu'aucune difficulté ne saurait décourager. Nous savons de lui que lorsqu'il quitta cette autre maison paternelle, son cœur s'émut au dedans de lui-même et que ses yeux se mouillèrent de larmes. Il y avait été heureux, et dans ce monde nouveau où il était sur le point d'entrer, pouvait-il espérer l'être toujours?

Il vint alors à Paris pour y suivre les cours de l'école de droit, et là, nous le retrouvons ce qu'il avait été précédemment au collége, l'étudiant appliqué, ménager de son temps et obtenant des mêmes efforts les mêmes succès. Il n'aimait pas ces lectures légères et frivoles qui, sous le prétexte fallacieux de reposer et d'amuser l'esprit, finissent par pervertir le goût et corrompre le cœur. Il savait se délasser à propos des fatigues d'une étude sérieuse par une étude d'un autre genre, mais toujours sérieuse, et c'est ce qui nous explique sa présence assez fréquente à l'école des chartes, dont les cours venaient tout récemment de s'ouvrir. Ces antiques manuscrits, témoins des faits d'un autre âge, avaient pour cet esprit grave et scrutateur je ne sais quels charmes puissants. Il les oublia si peu dans la suite, qu'il tint toujours à honneur son titre d'archiviste-paléographe, et lorsqu'il rencontrait dans le monde un élève de l'école des chartes, il se plaisait à l'appeler son confrère et à l'entretenir de ses études favorites d'autrefois.

Ce fut à cette même époque qu'il se plaça sous la direction spirituelle de M. l'abbé Dupanloup, alors vicaire à l'église de l'Assomption, et qu'il devint l'un des membres les plus assidus de l'académie religieuse dite de Saint-Hyacinthe, qui avait été fondée sur cette paroisse. Grâce aux conseils éclairés qu'il y reçut, le séjour de Paris, si funeste d'ordinaire à la plupart des jeunes étudiants, ne fit que développer dans son cœur les germes de vertu que sa famille et sa respectable mère en particulier y avaient déposés dès l'aurore de sa vie. Il était chrétien fervent, et l'on se rappelait encore, il y a quelques années, dans la paroisse de Saint-Thomas d'Aquin, la piété angélique du jeune homme qui, avant d'aller s'asseoir sur les bancs de l'école, venait chaque matin au pied des autels pour y servir la sainte messe.

Qui dira la joie de ses parents et toutes les espérances qu'une si belle conduite leur faisait concevoir pour l'avenir de leur fils aîné ? Ils le voyaient déjà grand, honoré, applaudi parmi les hommes, portant noblement le nom de la famille et le perpétuant par quelque belle alliance. Et cependant tous ces beaux rêves d'ambition mondaine ne devaient pas se réaliser, Dieu en avait décidé autrement. Dieu lui avait parlé au cœur ; il l'avait appelé à la sublime dignité du sacerdoce, et le jeune avocat avait répondu à l'appel

1.

d'en haut avec toute la générosité de sa jeunesse. Mais, ô faiblesse de l'humanité ! et qui l'eût pensé de personnes aussi solidement chrétiennes ? ses parents, loin de l'encourager dans la voie du sacrifice, ressentirent de sa résolution un véritable chagrin. Ils ne se contentèrent pas de lui témoigner leur peine, ils cherchèrent encore à entraver l'exécution de son dessein, car cette vocation inattendue était comme la ruine de tous leurs projets d'avenir. Ils revinrent toutefois, avec le temps, à des sentiments plus équitables à l'égard de leur fils. M. du Chesne père résista plus longtemps, et même, après avoir donné le consentement paternel, il ne voyait son fils que rarement, tant sa présence renouvelait sa douleur. Il en fut ainsi jusqu'au jour heureux où l'aïeule de la famille, touchant à sa dernière heure, réconcilia le cœur du père et celui du fils. Bien des années après cette circonstance solennelle de sa vie, M. l'abbé du Chesne ne pouvait en parler à ses amis intimes sans éprouver une véritable émotion. « Elle avait béni, nous disait-il, et embrassé tour à tour ses enfants et ses petits-enfants, et nous étions là silencieux, désolés, dans cette chambre où elle nous avait réunis, quand elle fit un signe à mon père, un signe plus éloquent que tous les discours; mon père se mit à fondre en larmes : j'avais retrouvé mon père. »

Paulin du Chesne était entré au séminaire de Saint-Sulpice. C'était une nouvelle faveur dont Dieu récompensait sa fidélité à la grâce de sa vocation. Il rencontrait, en effet, dans cet asile de la piété et de la science, auprès de maîtres aussi capables que modestes, toutes les leçons et tous les conseils dont il avait besoin pour devenir un prêtre selon le cœur de Dieu. Là, au sein de cette nouvelle atmosphère, comme il se sentit heureux de vivre et comme son âme tout entière respirait à l'aise! car ce n'était plus seulement à son esprit et à sa mémoire, mais à son cœur aussi que s'adressait l'enseignement de maîtres vénérés. Et à cette époque, quels hommes, pour enseigner et diriger les esprits, que MM. Duclaux, Garnier, Boyer et Carrière!

Ses supérieurs eurent bientôt deviné dans le nouveau séminariste le sujet d'élite que la Providence avait remis entre leurs mains. Ils lui donnèrent aussi un témoignage de leur estime et de leur confiance en l'attachant à l'œuvre si importante des catéchismes de la paroisse de Saint-Sulpice. C'est dans cet intéressant ministère qu'il préludait et qu'il se formait, sans le savoir encore, à un autre genre d'enseignement auquel il allait être appelé avant même d'avoir reçu la prêtrise. Voici en quelles circonstances. Mgr de Quélen de sainte mémoire gouvernait alors l'Église de Paris. Il avait eu à traverser des jours bien difficiles et bien mauvais depuis la chute du trône de nos rois en juillet 1830; mais les persécutions et les calomnies de toute nature dont on l'avait abreuvé n'avaient diminué en rien dans son grand cœur d'apôtre le zèle de la maison de Dieu. C'est sous l'inspiration de ce zèle qu'il jette les yeux sur M. l'abbé Dupanloup pour en faire le supérieur de son petit séminaire, et c'est dans le même sentiment que bientôt le nouveau supérieur supplie Sa Grandeur de vouloir bien lui associer, dans l'œuvr equ'il lui a confiée, le jeune homme fervent de Saint-Hyacinthe, le brillant lauréat de Pontlevoy. Mgr de Quélen acquiesça bien volontiers à la demande qui lui était faite.

M. l'abbé du Chesne fut chargé pendant plusieurs années du cours de rhétorique. C'est dans cette importante fonction, qu'il remplit toujours d'une manière si distinguée, que ses talents en firent germer et croître tant d'autres qu'un œil moins clairvoyant n'eût peut-être pas devinés ou qu'une main moins habile aurait laissés en friche. Quel intérêt s'attachait à ses leçons, avec quel charme d'élocution, avec quelle finesse d'aperçus et quelle science de bon aloi il nous expliquait les grands auteurs classiques, ses anciens élèves ne l'oublieront jamais. Disons qu'il eut plus tard cet honneur et cette consolation de voir, soit dans les rangs les plus élevés du clergé de Paris, soit dans les postes éminents de l'Église de France, bon nombre de ceux qui l'avaient eu pour maître. Qu'il nous soit permis de nommer ici avec respect NN. SS. de Cuttoli, d'Ajaccio ; Foulon, de Nancy ; Hugonin, de Bayeux ; de la Tour d'Auvergne, de Bourges, et Lavigerie, archevêque d'Alger.

C'est à l'ordination de Noël 1837 que M. Paulin du Chesne avait reçu la prêtrise, étant déjà professeur au petit séminaire de Saint-Nicolas. Pendant les années qui suivent, il est tout entier à ses chers élèves. Il lui est impossible toutefois de demeurer étranger à toutes les grandes questions qui s'agitent au dehors et qui intéressent tout ensemble et l'avenir de la jeunesse chrétienne et la cause de la religion. On est en 1843. Les catholiques luttent dans la presse et dans les chambres pour obtenir la liberté d'enseignement. Aux objections déloyales des ennemis de l'Église, le professeur de rhétorique du petit séminaire répondra à sa manière. Et en effet, au printemps de 1844, il passe ses examens de licencié ès lettres avec le plus grand succès. Personne n'avait été le confident de son projet ; il avait vaqué comme à l'ordinaire à ses occupations de chaque jour ; mais pendant tout l'hiver il avait pris sur son sommeil pour préparer les matières de son examen. C'est alors que Mgr Affre, digne appréciateur du mérite, lui accorda la mozette de chanoine honoraire de Paris. Et nous pouvons déjà le remarquer, l'archevêque accordait cette faveur non-seulement au professeur laborieux et distingué, mais encore à l'orateur chrétien dont les débuts avaient été si applaudis. On devait l'entendre plus tard, avec un plus grand succès encore, dans les chaires des diocèses de Paris, de Versailles et de Blois. Nous osons exprimer un vœu qui sera celui de tous ceux qui l'ont connu, c'est que dans l'intérêt des âmes et pour l'honneur de sa mémoire, les discours qu'il a prononcés du haut de la chaire, aussi bien que ses autres travaux littéraires, soient un jour donnés au public. Arrivé à ce point de la carrière de M. l'abbé du Chesne, il convient, ce nous semble, de fixer nos regards sur sa personne et d'en esquisser le portrait.

Sa taille était au-dessus de la moyenne et il avait toutes les parties du corps bien proportionnées. Son maintien était grave et sa démarche assurée. Il avait le front large et élevé, le regard vif et ferme, les traits du visage fort réguliers. Il y avait de la distinction dans toute sa personne, et devant lui l'on se sentait en présence d'une de ces riches natures aristocratiques que Dieu a faites pour exercer le commandement.

Dans le commerce de la vie, il savait être affable à propos, d'une humeur agréable, et plein d'une noble courtoisie. Il ne s'affranchissait jamais, en aucune circonstance, des règles de l'ancienne politesse française. Il avait l'esprit ouvert, pénétrant et d'une remarquable justesse, ce qui lui permettait de bien apprécier les choses et de les voir de haut, sans se perdre dans les détails. Il avait toutes les habitudes des hommes lettrés; il aimait à veiller tard ou à se lever de grand matin, afin d'échapper quelque temps au bruit des agitations du dehors. On l'a toujours vu faire bon marché de toutes ces prétendues convenances sociales qui font perdre dans des conversations inutiles tant d'heures précieuses, et qui sont pour les hommes sérieux un véritable fléau. Il aimait beaucoup les livres et il se plaisait aux ouvrages sérieux, aux belles éditions, comme nous le montre assez sa bibliothèque, qu'il a eu la délicate attention de léguer à la cure de Notre-Dame des Champs. Dieu avait richement doté cette nature exceptionnelle, car il avait l'intelligence si facile que le travail ne lui coûtait presque rien, et une mémoire si heureuse qu'une simple lecture faite avec attention lui suffisait pour retenir des morceaux de très-longue haleine. Aussi put-il acquérir en peu d'années une instruction très-solide et des connaissances très-variées. Il possédait à fond plusieurs langues étrangères, et je le surpris un jour, dans son cabinet, achevant d'écrire à cinq presbytères en cinq idiomes différents. Chez lui, le style était bien l'homme; c'est pourquoi, dans ses moindres billets comme dans ses grandes compositions, on retrouvait toujours la pensée nette, l'expression juste, le mot précis, la phrase élégante et sobre.

Mais hâtons-nous de le dire, M. l'abbé du Chesne joignait à de rares qualités d'esprit des qualités de cœur plus rares encore. Sous sa forte et généreuse constitution se cachait une âme énergique, aimante et qui sentait profondément. Il est vrai qu'il n'eût pas fallu s'en tenir toujours aux premières apparences, il y avait tout d'abord tant de réserve dans sa parfaite politesse; mais dès qu'on avait pu le voir de plus près, dans l'intimité surtout, quel cœur tendre, généreux et dévoué on découvrait en lui! Comme il savait compatir à l'infortune! et même, à l'aspect de nobles douleurs, comme il savait pleurer! S'il était naturellement sensible à l'injure, il l'était bien plus encore aux bons procédés, et il gardait avec le plus grand soin le souvenir du bienfait. Avec quelle parole émue il nous rappela souvent ses anciens maîtres et les prêtres vénérables qui l'avaient initié et formé à la vie du sacerdoce! Il nous souvient aussi qu'en parlant de sa mère, il avait des larmes dans les yeux et des défaillances dans la voix.

Après cela, avons-nous besoin de dire qu'il se montra vraiment bon à l'égard de tous ceux que la

Providence avait placés sous sa direction ou sa dépendance ? Il voulait être obéi sans doute, mais le devoir une fois accompli, on pouvait être tranquille. Il observait en silence, il tenait compte des efforts et de la bonne volonté, et il était heureux quand, à l'occasion d'un service exceptionnel ou de quelque fête, il pouvait par quelque petit cadeau témoigner sa satisfaction.

Il était bien naturel qu'avec des qualités d'esprit et de cœur aussi remarquables, M. l'abbé du Chesne s'attirât l'estime et les sympathies des personnes distinguées qu'il rencontrait dans la vie. Au premier mot de sa conversation, ne devinait-on pas aussitôt l'homme supérieur? Il eut donc de belles et grandes relations dans le monde et dans le clergé, et nous ne pensons pas commettre d'indiscrétion en nommant, parmi les personnages qui l'honoraient de leur estime et de leur amitié, Mgr Dupanloup, l'illustre supérieur du petit séminaire de Saint-Nicolas; Mgr Doney, de Bordeaux; Mgr Hacquart, de Verdun; MM. de Riancey, Ozanam, Nettement et Flandrin, le grand artiste religieux. Il n'était pas jusqu'aux ennemis avoués de la religion qui ne reconnussent volontiers la supériorité de ses talents et de ses vertus. On sait qu'à une époque où il gardait encore quelque ménagement avec l'Église, M. Sainte-Beuve, dont la fin a été si tristement célèbre, se plaisait à le visiter quelquefois.

Cependant, nous devons rendre cette justice à M. l'abbé du Chesne que chez lui l'homme de lettres n'amoindrit pas le prêtre et ne le fit jamais oublier. Sa vocation à l'état ecclésiastique avait été trop sensiblement marquée du sceau de la grâce divine pour que cette même grâce n'imprimât pas profondément dans son âme, avec le caractère du prêtre, toutes les vertus nécessaires au ministère sacerdotal. Sa religion était aussi vive qu'éclairée. Son attachement à l'Église et à son auguste chef était solide et profond. Il se réjouissait de ses triomphes, souriait à ses espérances; mais il s'affligeait amèrement surtout de ses douleurs multipliées. Comme gage de son dévouement filial à l'Église mère et maîtresse de toutes les autres, il récitait depuis de longues années le bréviaire romain, et nulle considération n'eût été capable de lui faire interrompre cette pratique vraiment catholique qui datait du premier jour de son sacerdoce. C'est cette même piété filiale envers le saint-siége qui lui faisait établir dans sa paroisse, l'année qui précéda sa mort, l'œuvre permanente du Denier de Saint-Pierre. S'il aimait ainsi le représentant de Notre-Seigneur Jésus-Christ sur la terre, quel amour n'avait-il pas pour Notre-Seigneur Jésus-Christ lui-même! Avec quel recueillement profond de tout son être il célébrait le saint sacrifice! Avec quelle attention, avec quelle précision, avec quelle ponctualité il s'acquittait des fonctions saintes! Durant une maladie qui fut l'avant-courrière de celle qui l'a séparé de nous, j'eus occasion de lui porter la divine eucharistie, et je ne saurais dire avec quelle foi, avec quelle ferveur de toutes les puissances de son âme il reçut alors son Seigneur et son Dieu! Sa dévotion envers la sainte Vierge fut toujours vive et affectueuse; il l'aimait comme un bon fils aime sa mère : aussi, quand il fut question d'une nouvelle paroisse à fonder, voulut-il la placer sous son consolant patronage. Il aimait à célébrer ses fêtes; il tenait à s'y préparer dès la veille, et il fut fidèle à cette pieuse coutume jusqu'à la fin de sa vie. On l'a vu à la fête de l'Annonciation, deux mois avant sa mort, gravir péniblement et tout haletant la petite côte où s'élève l'église de Montfort-l'Amaury, pour porter au pied de l'autel de Marie ses prières, ses hommages et ses vœux.

Son esprit de religion présidait à toute sa vie, et c'est pourquoi, dans les nécessités publiques ou dans les embarras de son ministère, il faisait célébrer des neuvaines, des messes, ou bien encore, à l'exemple des plus saints prêtres, il visitait à pied et à plusieurs reprises les sanctuaires les plus vénérés de Paris.

S'il avait l'amour et le culte des souvenirs de famille, les souvenirs religieux n'étaient pas moins chers à son cœur. Les vieilles coutumes, les vieilles traditions, les vieux monuments, les fêtes populaires du Paris religieux d'autrefois avaient pour lui des charmes tout particuliers. Il aimait à en parler, il aimait à rappeler saint Denys, sainte Geneviève et tous ces bons saints qui d'âge en âge, comme saint Vincent de Paul, ont édifié les populations du diocèse. Il avait recueilli dans les bibliothèques publiques de Paris et d'Orléans quantité de notes et de documents, en vue de composer un livre sur l'antique sanctuaire de Notre-Dame des Champs. Les paroissiens de Notre-Dame des Champs nourrissent cette espérance que ses nobles héritiers ne laisseront pas enfouir tant de richesses qui intéressent leur piété pour leur patronne et leur reconnaissance pour leur pasteur.

Mais revenons sur nos pas, nous réservant d'achever le portrait que nous avons cherché à esquisser. Il y avait donc quatorze ans que M. l'abbé du Chesne enseignait la rhétorique, soit au petit séminaire de Saint-Nicolas, soit au nouveau petit séminaire de Notre-Dame des Champs, lorsqu'il fut appelé par ses supérieurs au ministère des paroisses. Il ne fit que paraître à Saint-Philippe du Roule, assez toutefois pour y laisser des souvenirs et des regrets. C'est dans le grand quartier religieux de la capitale, dans l'excellent faubourg Saint-Germain, qu'il devait déployer jusqu'à la fin de sa carrière toute son activité sacerdotale.

En 1851, il est nommé premier vicaire de Notre-Dame de l'Abbaye aux Bois. C'est là que pendant cinq ans, sans effacer son respectable curé comme sans en être effacé, il exerça son ministère de la manière la plus fructueuse pour la sanctification des âmes. Il aimait cette petite paroisse où l'on vivait en quelque sorte de la vie de famille, et d'où sont sortis, comme d'une excellente école d'expérience et d'édification, tant d'ecclésiastiques distingués! Qui pourrait dire tout le bien qu'il fit au catéchisme de persévérance de Notre-Dame de l'Abbaye aux Bois? Sous sa direction, cette œuvre importante reprit, on peut le dire, une vie toute nouvelle. Et d'ailleurs, comment ne pas être assidu, attentif sous le charme de cette parole qui captivait l'auditeur tout entier, tantôt par sa vive gaieté, tantôt par une finesse pleine d'une agréable malice, et toujours par l'élévation des pensées et la noblesse des sentiments.

L'époque du ministère de M. l'abbé du Chesne à Notre-Dame de l'Abbaye aux Bois fut l'époque de sa grande activité. C'est ainsi que, le dimanche, il interrompait le chant de la grand'messe pour adresser la parole aux fidèles, puis, après la grand'messe, il commençait immédiatement les exercices du catéchisme de persévérance, et comme si ce n'eût pas été assez encore pour son zèle, il lui arrivait assez souvent de remonter en chaire le même jour pour y prononcer le grand sermon de la fête ou le panégyrique du saint honoré par l'Eglise. Ses nombreuses occupations dans la paroisse ne l'empêchaient pas alors de se livrer aux grandes prédications de l'avent et du carême avec autant d'éclat que de succès.

C'est ainsi qu'il se préparait à la mission difficile, mais bien honorable, que ses supérieurs ecclésiastiques allaient bientôt lui confier, de fonder une nouvelle paroisse dans la ville de Paris. Il fut en effet nommé curé de Notre-Dame des Champs par Mgr Sibour, le 14 septembre 1857.

Il était jeune encore, il n'avait que quarante-quatre ans. On sait que la création de nouvelles paroisses a été l'une des grandes préoccupations du zèle épiscopal de Mgr Sibour. Elle le fut jusqu'à la fin si lamentable de son existence, car le 3 janvier 1858, date à jamais néfaste dans les annales du diocèse, il mandait au nouveau curé de presser l'accomplissement des formalités requises pour l'ouverture de l'église provisoire. Ce fut seulement le 13 mars de la même année que Mgr Morlot vint la bénir. Cette construction, toute de circonstance, rappelle assez bien les oratoires des missions, et bien qu'élevée en fort peu de temps avec de simples planches de sapin, elle ne manque pourtant pas d'un certain cachet qui fait honneur à son architecte.

Nous pouvons dire qu'en répondant aux désirs de son archevêque, M. l'abbé du Chesne faisait preuve d'un grand courage et d'un grand dévouement. Et en effet, quelle responsabilité au point de vue religieux et au point de vue financier ! Au point de vue religieux, il ne s'agissait de rien moins que de fonder une nouvelle famille paroissiale; au point de vue financier, il fallait trouver le moyen de faire face à toutes les dépenses d'installation, l'administration municipale remettant à d'autres temps son concours effectif. De fait, les difficultés à vaincre étaient si réelles que plusieurs ecclésiastiques de grand mérite s'étaient refusés antérieurement à mettre la main à l'œuvre. Plusieurs penseront peut-être qu'au point de vue religieux, les difficultés à surmonter ne pouvaient être très-sérieuses, la nouvelle paroisse s'élevant sur l'ancien territoire détaché de la paroisse Saint-Sulpice. Sans doute il y avait bien quelque avantage à se trouver au milieu de populations déjà fidèles; mais là aussi était la difficulté principale. Ne fallait-il pas faire oublier aux membres de la nouvelle famille le chemin si connu qui les avait conduits longtemps à leur splendide église, là où ils rencontraient, avec la magnificence des offices divins, un clergé considérable par la science, la piété et le nombre? Plus on y réfléchit et plus l'on voit qu'il fallait toute l'autorité de M. l'abbé du Chesne, tout son talent et son infatigable patience, pour sauvegarder et maintenir des droits nouveaux, concilier les intérêts opposés, créer enfin de nouvelles habitudes, et cela sans froisser d'honorables sympathies ni contrarier de justes préférences.

Si M. l'abbé du Chesne a réussi dans sa grande entreprise, c'est qu'il eut pour auxiliaires puissants, outre les bénédictions du ciel, qui furent visibles, un désintéressement parfait, un grand esprit de mesure et une constance à toute épreuve; et comment ne pas rappeler ici cette parole vibrante, généreuse, sympathique, qu'on entendait toujours avec un plaisir nouveau? C'est cette parole qui avait groupé autour de la chaire de la modeste église un auditoire choisi et nombreux; c'est cette même parole qui avait trouvé le chemin des cœurs dans les divers établissements de la paroisse, dans les colléges et dans les communautés. C'est sous le coup de cette parole si forte et si originale, et toutefois qui savait se faire si bien toute à tous, qu'on se trouvait comme saisi, forcé à l'attention, et enfin victorieusement persuadé! Si elle charmait l'homme lettré, elle n'était pas moins agréable aux enfants d'un patronage, aux ouvriers des Sainte-Famille ou bien encore aux membres d'une société de Saint-François Xavier. On se rappellera longtemps, dans bien des familles, ces allocutions pour le mariage, où l'élévation des pensées, la délicatesse des sentiments s'unissaient avec tant de grâce et d'à-propos à la sagesse du conseil, à la solidité de la doctrine.

Si M. le curé de Notre-Dame des Champs exerçait une grande autorité dans sa paroisse, il n'inspirait pas moins de confiance. On savait l'apprécier dans les grandes familles, chez les hommes particulièrement. Aussi, quelque personne marquante de la paroisse venait-elle à tomber malade, elle rappelait immédiatement M. le curé, dont le ministère demeurait toujours béni.

Il laissait aux nombreuses dames de charité de la paroisse le soin de subvenir aux nécessités ordinaires des familles pauvres; il s'associait à ces zélées coopératrices par le conseil et par des offrandes généreuses; mais s'agissait-il de secourir quelque grande infortune et encore quelques-unes de ces misères que le monde ne soupçonne pas parce qu'elles sont adroitement dissimulées sous un reste de splendeur, alors il ne voulait jamais en charger autrui. Et que de larmes arrachées des yeux par ces misères brillantes il a séchées dans le secret! Nous savons une famille honorable de la paroisse qui était partie à l'étranger pour y rétablir ses affaires et son crédit, mais qui, à peine arrivée sur des plages lointaines, est contrainte, par une série de contre-temps, à s'embarquer de nouveau et à rentrer en France. Que va-t-elle devenir dans le dénûment profond où elle est réduite? Elle va frapper à la porte du bon pasteur, et ce n'est pas en vain, car une aumône abondante permet à cette famille affligée de sortir de son état de détresse et bientôt même de prospérer.

Le curé de Notre-Dame des Champs n'aimait pas à fatiguer les fidèles par des demandes de secours trop fréquentes et surtout intempestives; mais quand il fallait intéresser leur charité, avec quel tact parfait et aussi avec quel succès il savait le faire! C'est grâce à sa manière dignement suppliante et au concours généreux de ses bons paroissiens qu'il a pu fonder l'œuvre des pauvres, qu'il regardait comme la bénédiction de son ministère; c'est grâce aussi à son zèle persévérant qu'il a pu obtenir des écoles congréganistes pour les enfants du quartier et un bureau de bienfaisance pour les indigents.

Il était heureux du bien qu'il voyait s'accomplir autour de lui, de quelque part qu'il vînt, et c'est pourquoi il a toujours vu avec plaisir le nombre considérable de communautés établies sur sa paroisse. Il était vraiment animé d'un sincère amour pour le prochain, car jamais on n'entendait sortir de sa bouche la moindre parole de médisance, soit à l'adresse de ses confrères, soit à l'adresse de ses supérieurs et de ses amis. Bien plus, on pouvait lui dire des choses désagréables sans qu'il en conservât le moindre ressentiment. Il disait d'une personne dont il avait beaucoup à se plaindre : « Que voulez-vous, je veux l'aimer, je ne lui veux que du bien, je fais tout ce que je puis pour lui donner l'occasion de revenir ! »

Cependant le zélé pasteur s'était aperçu bien vite que l'église provisoire était tout à fait insuffisante aux besoins du culte. Il se mit donc, dès le commencement de son ministère pastoral, à faire toutes les démarches nécessaires pour obtenir de la ville et du gouvernement la construction de l'église définitive. Cette église, on le comprend facilement, devint bientôt la grande préoccupation de sa vie. Et lorsqu'on eut posé la première pierre, quel bonheur pour lui ! Dès lors il allait visiter fréquemment le chantier ; il examinait et il examinait encore, et il tirait ses plans. Les travaux se poursuivaient-ils avec activité, il était tout heureux ; mais venaient-ils à être suspendus, il devenait tout pensif et tout triste ; reprenaient-ils enfin, alors c'était une véritable joie d'enfant.

M. l'abbé du Chesne se trouvait à Rome pour la fête du centenaire de saint Pierre. Ayant obtenu une audience du saint-père, il lui parla tout naturellement de ce qu'il avait de plus cher au monde, de sa paroisse. Il disait au saint-père que sa paroisse renfermait le quartier du Mont-Parnasse : « Du Mont-Parnasse! reprit Pie IX avec cette manière aimable qui charme tous les visiteurs; mais mon fils, c'est bien profane et bien païen qu'un quartier comme celui-là! — J'espère, avec la grâce de Dieu et votre paternelle bénédiction, très-saint père, répondit le nouveau curé de Paris, que ces lieux deviendront un Mont-Parnasse chrétien tout peuplé de chrétiens fidèles. » M. l'abbé du Chesne faisait donc des projets, et quels projets! Il aurait voulu que la nouvelle église fût sur la rive gauche de la Seine ce que Notre-Dame des Victoires est sur la rive droite, le sanctuaire béni, privilégié de Marie. Il aurait voulu que dans cette église tout parlât de Marie; qu'il n'y eût pas une pierre, pas une peinture, pas un panneau de verre ou de bois qui ne racontât à sa manière les mystères et les gloires de cette reine des cieux. Et dans cet ensemble d'un genre tout nouveau, il aurait voulu encore réserver une place d'honneur aux souvenirs de l'ancien prieuré de Notre-Dame des Champs. Grande et noble pensée qu'il confiait à ses amis, dont il aimait à s'entretenir avec eux, et qui ne sera pas, nous l'espérons, descendue avec lui dans la tombe! Il n'a pas vu la nouvelle église achevée, il ne devait pas la voir! Une sorte de pressentiment l'en avertissait secrètement; il disait même quelquefois, en rappelant des exemples récents, que les curés des nouvelles églises construites à Paris ne les voyaient et ne les inauguraient que le jour de leurs funérailles. Il y avait bien de la tristesse dans un tel pressentiment; mais il s'en consolait par sa parfaite résignation à la volonté de Dieu et par cette espérance qu'il reposerait un jour dans cette église, plus près du regard et du souvenir de ses bien-aimés paroissiens. Je dis ses bien-aimés paroissiens, car c'est pour ne pas se séparer d'eux qu'il ne voulut jamais profiter des avances qui lui étaient faites dans le but de le faire monter plus haut... Nous avons appris que neuf mois avant sa mort de nouvelles propositions lui avaient été faites. Il s'agissait d'un titre inamovible, d'un quartier riche, d'une paroisse fondée. Mais rien ne pouvait le tenter, et il refusa, malgré les instances de ses supérieurs. Ses supérieurs auraient voulu l'honorer sans doute, le récompenser de ses efforts, mais ils eussent été bien aises aussi de lui épargner les grandes fatigues que l'installation de la nouvelle église lui préparait dans un temps très-prochain. C'est qu'ils n'ignoraient pas que depuis longtemps déjà la forte constitution du curé de Notre-Dame des Champs était très-sérieusement altérée et que sa santé réclamait les plus grands ménagements. Ce que l'on n'a pas su, parce que les apparences étaient trompeuses, c'est que les deux années qui ont précédé sa mort ont été pour M. l'abbé du Chesne des années de souffrances cruelles, d'angoisses indicibles, de luttes suprêmes entre la volonté toujours énergique et le corps qui s'affaissait ! Nous prêtres de cette paroisse, qui le voyions de près, nous pouvions constater par nous-mêmes le progrès continu du mal ; mais cette pensée qu'il allait bientôt nous être ravi nous était si pénible que nous osions à peine nous confier les uns aux autres nos tristes pressentiments.

Depuis le 25 août 1870, jour où il fit en l'église de Saint-Louis en l'Ile le panégyrique du saint monarque, sa vie n'a plus été qu'abattement, oppression et langueur. C'était une mort lente et douloureuse qui se manifestait par des symptômes non équivoques, par l'absence de voix, de respiration et presque de sommeil ! Les malheurs de la France devaient hâter sa fin. Nul plus que lui n'y fut sensible. Il en gémissait continuellement devant Dieu, et ce gémissement ne faisait qu'épuiser le reste de ses forces. Cependant le mal qui ravageait le corps avait respecté l'âme. Son esprit avait conservé toute sa lucidité, toute sa pénétration. Il montait en chaire aux fêtes de la Toussaint pour instruire les fidèles. Le jour de saint Jean l'Évangéliste, en l'église de Saint-Denis du Saint-Sacrement, il adressait une ravissante allocution à la nombreuse assistance réunie dans le lieu saint pour y célébrer les noces d'or du vénérable abbé Cauvin, curé de la paroisse. En parlant si bien de la belle vieillesse sacerdotale, on eût dit qu'il y avait dans sa voix comme des désirs et des regrets. Son état eût exigé le repos le plus absolu ; mais comment s'y résigner quand autour de lui, en ces jours malheureux, régnaient l'inquiétude, l'affliction, la terreur ? Aussi quelles admirables paroles il faisait encore entendre aux funérailles de ces pauvres enfants de Saint-Nicolas mis en pièces par les obus prussiens !

Sa dernière allocution aux fidèles fut pour leur annoncer le départ d'un de ses prêtres. Hélas ! les accents de cette parole si paternelle jusqu'à la fin, ne devaient plus frapper nos oreilles et toucher nos cœurs !

Paris était rouvert ; mais lui, il demeurait toujours fidèle pasteur au milieu de son troupeau. Vint cependant le moment bien triste où, sur les instances réitérées de son médecin, de ses amis et des prêtres ses collaborateurs, il dut se résigner à quitter la rue de Rennes ! C'était le 22 mars. On espérait que l'air de a campagne lui ferait assez de bien pour lui permettre de revenir pour les cérémonies de la semaine sainte et pour la solennité de la première communion. Vain espoir ! La commune allait régner sur la grande capitale, et toutes les lettres qu'il eut occasion d'écrire à ce moment témoignent de la vivacité de ses inquiétudes et de l'amertume de ses regrets. L'avant-veille de la première communion, il m'écrivait encore, et c'était pour la dernière fois, combien il était affligé de ne pas se trouver au milieu de ses chers enfants; et dans les quelques lignes qu'il m'adressait, il me parlait clairement de sa fin prochaine. Le jeudi 4 mai, jour de la première communion, il faisait un suprême effort pour offrir le saint sacrifice. Il voulait l'offrir pour les enfants de la paroisse et pour leurs familles, qu'il portait dans son cœur et qu'il plaçait, selon ses expressions, sur sa patène, tout près de Notre-Seigneur Jésus-Christ. Hélas! il ne devait plus remonter au saint autel qui avait réjoui sa jeunesse.

Et en effet, la maladie faisait de nouveaux et rapides progrès; quelle douleur je ressentais de ne pouvoir aller jusqu'à lui pour l'entretenir une dernière fois et pour recevoir une dernière bénédiction du père qui nous avait aimés! Mais nous étions alors, ô mon Dieu, dans des circonstances bien plus cruelles et plus douloureuses encore!

Enfin, lorsque le jour de la Pentecôte, à vêpres, nous annoncions la fin si digne de larmes, mais si glorieuse, de Mgr Darboy, nous ignorions encore que la paroisse de Notre-Dame des Champs avait perdu son chef et son fondateur.

La mort n'a pas surpris M. l'abbé du Chesne. Le

lundi avant la Pentecôte, il avait reçu les derniers sacrements avec des sentiments admirables de foi et de résignation à la volonté de Dieu. Depuis ce moment, il alla s'éteignant chaque jour graduellement, sans que ses douleurs intenses lui fissent oublier les grandes tribulations de l'Église de Paris.

Dieu lui ménageait une bien douce consolation à ses derniers moments. Son filleul et son unique frère, qu'il n'avait pas vu depuis longtemps, arrivait pour recevoir son dernier soupir et lui fermer les yeux.

Le samedi 27 mai, le pauvre moribond voulut réciter encore une partie de son bréviaire qu'il avait toujours à son chevet. Vers neuf heures et demie, dans la matinée, il se sent plus mal et fait venir tout son monde autour de lui. Vers dix heures, il vomit le sang avec abondance; il ne peut plus respirer. Il demande qu'on ouvre de toutes parts; il se lève même pour aller près de la fenêtre; mais à peine a-t-il essayé quelques pas que ses forces le trahissent; il tombe à genoux et expire en prononçant ces paroles : *Fiat voluntas tua* « Mon Dieu, que votre volonté s'accomplisse! »

Quelques jours après ce douloureux événement, un des marguilliers de la paroisse voulait bien nous adresser les lignes suivantes : « Nous avons eu la consolation de le voir sur son lit de mort. Sa figure était belle; elle respirait la paix et le calme le plus profond.

Il semblait prier, prier pour Paris et pour les paroissiens de Notre-Dame des Champs. » .

Ses dernières pensées ont été pour les pauvres de la paroisse et pour Mgr l'archevêque, dont il ignorait la mort terrible...

Les funérailles de M. l'abbé du Chesne eurent lieu à Montfort-l'Amaury, le lundi de la Pentecôte. Dans cette circonstance, la population de Montfort sut faire preuve des sentiments les plus nobles et les plus généreux. Elle se leva tout entière pour remplacer auprès du cercueil du défunt tous ceux de ses amis et de ses prêtres que des obstacles insurmontables retenaient dans l'enceinte de Paris. Qu'elle veuille bien recevoir ici nos bien vifs et bien sincères remercîments.

Le corps de M. l'abbé du Chesne repose dans le cimetière de Montfort-l'Amaury; mais son âme est devant Dieu avec tous les saints prêtres qui ont combattu ici-bas le bon combat. Qu'il repose en paix!

Euge serve bone et fidelis, intra in gaudium domini tui.

« Courage, bon et fidèle serviteur; entre dans la joie de ton maître. Ainsi soit-il. »

Paris, — E. DE SOYE et FILS, impr., 5, place du Panthéon.

www.ingramcontent.com/pod-product-compliance
Lightning Source LLC
Chambersburg PA
CBHW060939050426
42453CB00009B/1091